Cheese

至福のチーズレシピ

若山曜子

はじめに

留学時代、美食の地・フランスでの一人暮らしの食生活は、思ったより寂しいものでした。
スーパーにも週末のマルシェにも、並ぶのはピカピカのかたまり肉やまるごと一尾の魚。

通学路にあるチーズ屋さんも「どうせ食べ切れない…」と思い、
いつも通りすぎていたのですが、ある日マダムの声が耳に飛び込んできました。
「ムッシュー！　これをほんのすこーし、2枚。薄くていいわ。いただける？」。
そんなことができるの？　とびっくり。さっそく私もひと切れ紙に包んでもらいました。
はじめて買ったそのチーズは、忘れもしない「ボーフォール」。
親切なお兄さんにいろいろ味見をさせてもらい、かたいそのチーズを気に入ったのです。

その日以来、チーズは私の友達になりました。
早朝、学校へ行くときには、紙に包んだままかばんに入れ、ときどきはパンに挟んで。
チーズを漬物に例える人がいるけれど、留学時代の私にとっては
気軽に摂取できる大切なタンパク源。納豆のような存在だったと思います。

また別の日のこと。野菜を鍋で煮て、卵を入れようと、ごそごそ冷蔵庫を見ていたら、
カチカチになったチーズが奥に潜んでいました。
捨てるのも忍びなくて、スープに入れて温めていくと、チーズは少しずつほぐれ、
白濁し、スープの中で美味しいとろみとコクになりました。
そのときから、チーズと私はよりいっそう仲良くなった気がします。

チーズは、牛乳のおいしい部分を凝縮し、時間をかけ、熟成させて作られた、うまみのもと。
調理に手間をかけなくても、そのひと切れでうんと贅沢な味を作ってくれます。
時間をかけて味が変化していく発酵食品ですから
〝あそこのあれ〟の食べごろを、と思うと大変ですが、それぞれにおいしさがあり、
汎用性が高く、料理に使えば、どのタイミングのどのチーズも
わりとうまくはまってくれるように思います。それはチーズが手間暇かけて作られた、
食品としてすでに完成されたものだからなのかもしれません。

冷蔵庫になにもないとき、ひからびかけたチーズのひと片を見つけると、
お！　とうれしくなります。
暗闇の中で宝石を見つけた気分と言ったら大げさでしょうか？
とりあえずこのチーズを使っておいしいものが食べられる、と大いに安心するのです。

若山曜子

Contents

[レシピのお約束]
- 1カップは200㎖、大さじ1は15㎖、小さじ1は5㎖です。
- 野菜の基本的な下処理は省いています。適宜行ってください。
- オーブン、オーブントースターの焼き時間は目安です。機種によっても違いがあるので、様子を見て加減してください。
- 電子レンジは600Wのものを使用しています。
- 塩はゲランドの塩を使用しています。塩は種類によって味にばらつきがあるので、違うものを使う場合は加減してください。
- バターは指定がない場合は有塩タイプを使用しています。
- ハーブはすべてフレッシュを使用しています。
- ナッツはすべて無塩タイプを使用しています。使う前にオーブンシートを敷いた天板に広げ、180℃に予熱したオーブンで5〜10分焼くと、風味が立ってよりおいしく仕上がります。
- 柑橘類の皮を使うものは、できれば国産のものを。輸入品はよく洗って使用してください。

Part.1
前菜やおつまみに
手軽なひと皿

Part.2
メインに
満足感のあるひと皿

Part.3
ブランチや軽食に
便利なひと皿

Part.4
デザートやおやつに
甘いひと皿

チーズの種類とおいしい食べ方

チーズは、ミルクが原料のナチュラルチーズと、
ナチュラルチーズが原料のプロセスチーズに大別できます。
さらにナチュラルチーズは製法などをふまえ、およそ7つに分けられます。
この本では、レシピ名の上に使用するチーズの種類を入れました。

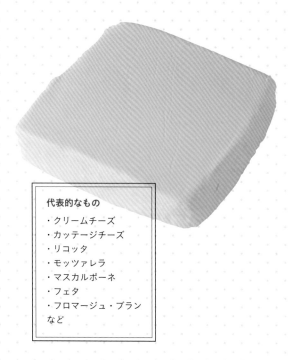

代表的なもの
・クリームチーズ
・カッテージチーズ
・リコッタ
・モッツァレラ
・マスカルポーネ
・フェタ
・フロマージュ・ブラン
など

Fresh type　　フレッシュ

やさしい口あたりで、ミルキーな味わい

乳酸菌や酵素、熱によってミルクを凝縮させ、ホエイ
を分離させたあと、熟成させないチーズ。新鮮なうち
に食べたほうがおいしい。モッツァレラはミルキーでや
わらか。味を染み込ませるために手で割くのがおすす
め。カッテージチーズはさっぱりとして低カロリー。リ
コッタもさっぱりしていますがコクもあり、そのまま、
はちみつやわさびじょうゆをかけるだけでもおいしいで
す。カッテージチーズやリコッタは、クリームチーズの
代わりに使えばカロリーダウンになります。反対にマス
カルポーネは乳脂肪分が高く、濃厚な生クリームのよ
う。コクとまろやかさをプラスしてくれます。いずれも
フルーツやフレッシュな野菜によく合うチーズです。

＊モッツァレラには、水につかった状態で売られている白色
のやわらかなタイプと、この状態から食塩を足して水分を抜
き、熟成期間を経た黄色みがかったブロック、またはシュレッ
ドタイプがあります。この本では前者を「モッツァレラ（フレッ
シュ）」、後者を「モッツァレラ（ブロック）」、「モッツァレラ（シュ
レッド）」と表記しています。

代表的なもの
・カマンベール
・ブリー
・ブリー・ド・モー
・クロミエ
・サンタンドレ
・シャウルス
など

Mildew type　　白カビ

中心はとろりとやわらか。
濃厚かつクリーミーなおいしさ

表面に白カビを繁殖させ、熟成させるチーズ。酵素に
よってタンパク質が分解され、外側から内側に向かっ
てやわらかくなります。カマンベールは熟成が若いも
のはあっさり。ただ、長く熟成したものはかなりクセ
が出てきます。ブリーもカマンベールと製法は同じ。
生産地で名前が違います。ブリーのほうが歴史は古く、
大きく作られる分、表皮が少なく、ケーキなどに使い
やすいです。

Penicillium type

独特の風味や刺激がクセになる、
見た目も個性あふれるチーズ

チーズの内部に青カビを繁殖させ、熟成したピリッとした刺激的な風味が特徴のチーズ。その色からブルーチーズと呼ばれます。ゴルゴンゾーラ（伊）、スティルトン（英）、ロックフォール（仏）が世界3大ブルーチーズ。前者2つは牛乳が原料、ロックフォールは羊乳で独特のうまみが特徴。今もなおミディーピレネー地方の洞窟で熟成させて作られます。フランスで初めてAOC（原産地名称統制／p.9参照）認証をもらったフランスを代表するチーズでもあります。

代表的なもの
- ゴルゴンゾーラ
- スティルトン
- ロックフォール
- フルム・ダンベール
- ダナ・ブルー
- カンボゾーラ
など

Goat milk type

ヤギ乳特有の香りは、
好きな人にはたまらない魅力

ヤギ乳から作られるチーズをシェーブルとフランスでは呼びます。もろく、崩れやすく、比較的小さめ。乳酸菌で固めるため、ヨーグルトのようなほのかな酸味があります。日本では独特の香りと味が苦手な人も多いですが、私はパン粉をつけてオリーブオイルで焼き、サラダと合わせたり、デザートなどにも使います。ヤギ乳は人間の母乳に近く、カロリーも比較的控えめで、消化によいそう。ヤギの出産シーズン、春から初夏に旬を迎えるチーズです。

代表的なもの
- サントモール
- クロタン・ド・
  シャヴィニョル
  ヴァランセ
- マコネ
など

Washed type

代表的なもの
・エポワス	・タレッジョ
・マンステール	・リヴァロ
・ポン・レヴェック	・モンドール
・ピエダングロワ	など

香りが強く、それぞれに個性が。
まさに通好みのチーズ

表面を塩水やその土地の酒で洗うことが名の由来。表面にリネンス菌が繁殖し熟成が進みます。日本ではあまり一般的では無く、やや高価。それぞれ個性的なので、まずはそのまま食べるのが一番かと思い、この本では使用していません。私はとくにマール（ぶどうの搾りかすから作られるフランスの蒸留酒）で洗いながら熟成させたエポワスが好き。表皮の強烈な香りに比べ、中はとてもクリーミー。スプーンですくい、軽く焼いたブリオッシュにつけて食べるとたまりません。

Semi hard type セミハード

弾力が残る程度に、水分量を残して熟成

長期熟成に向くように作られたチーズで、水分量により、セミハードとハードに分かれます。セミハードタイプの組織はしっとりして、表皮やワックス、フィルムで保護されながら1〜6カ月程度でおいしく熟成されます。本格的なチーズが苦手という方は、はじめのうちは熟成が若めのものを選ぶといいかもしれません。チェダー、ゴーダ、ラクレット、グリュイエールなど、それぞれの個性を楽しみながら、好みのものを見つけて使ってみてください。

代表的なもの
・チェダー
・ゴーダ
・ラクレット
・グリュイエール
・サムソー
・サン・ネクテール
・ルブロション
など

Hard type ハード

熟成期間の長さが、うまみに大きく影響します

しっかりかたい表皮を作ることで中を守り、長いものでは3年も熟成。時間がたつにつれかたくなり、アミノ酸が分解されて白い斑点や粒が見えてきます。一番なじみがあるのは、やはりパルミジャーノ・レッジャーノでしょうか。ミモレットはセミハードタイプもありますが、私は24カ月熟成の、からすみのような風味になったハードタイプが好き。フランス留学中、納豆や漬物の味が懐かしくなったときに、ときおり口にした思い出のチーズです。

代表的なもの
・コンテ
・パルミジャーノ・
　レッジャーノ
・ペコリーノ・ロマーノ
・ミモレット
・ボーフォール
・グラナ・パダーノ
など

Processed cheese プロセスチーズ

賞味期限が長く、味が安定したチーズです

セミハードチーズを加熱し、乳化剤を加えて溶かし、成形したチーズ。ぷりぷりとした歯応えのものが多いです。この本では粉チーズがこの分類に入ります。賞味期限が長いのが特徴で、殺菌されているために発酵が進むこともなく、安定した味わいになります。

代表的なもの
・粉チーズ　　　　　・スティックチーズ
・6Pチーズ　　　　・スモークチーズ
・キャンディチーズ　　　　　　　など

もっとチーズを楽しむために

ひと振りするだけで、確実においしさをランクアップ。そんな頼れるチーズですが、
ちょっとしたことを知っていると、その味わいがいっそう深くなります。

① 正しい保存法でおいしさキープ

白カビや青カビ、シェーブルやウォッシュは、購入してからも
熟成が進みます。これらはラップに包んで密閉してしまうと、
熟成がうまく進まなくなることも。私は、オーブンシートに包み、
保存容器に入れて冷蔵庫で保存しています。

② 室温にもどせば、風味が引き立つ

チーズそのものをおつまみのように口にするときは、
冷蔵庫から出してすぐではなく、室温にもどしてから味わいましょう。
チーズがやわらかになり、香りもより引き出されます。

③ 熟成度合いで変わる、深みを楽しむ

ナチュラルチーズは、熟成が進むと同じチーズでも香りが強くなり、
味も凝縮されていきます。自分好みの熟成具合を知ることも大切です。

④ フランス産チーズを選ぶなら、「AOC」認証のものを

「AOC」はフランス独自の制度で、原産地名称統制のこと。
食品の原産地を守るための制度で、製造方法や地域などの細かい規定を
クリアしたものだけにつけられます。この認証を受けているチーズなら、
生産地をはじめ、製法も原料も、信用のおけるものということになります。

⑤ 種類も分量も、細かくは気にせずに

レシピには使用したチーズを書きましたが、たとえば同じ「セミハード」チーズなら、
ときには違うものに替えてみて、味の変化を楽しむのもありです。
また、上に振りかけるような場合は、チーズの量はあくまで目安。
好きならたっぷりと使って、チーズの味を堪能してください。
いつも作るおなじみの料理にちょっとチーズを足しても新しいおいしさに出合えますよ。

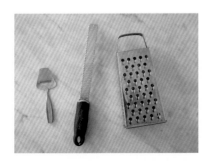

[チーズの道具]

細かくすりおろしたり、薄く大きく削ったり。チーズ
専用の道具があると、よりそのおいしさを楽しめて、
なんだか心が弾みます。もちろん、いつものおろし
金や包丁を使っても。
（左）チーズスライサー：セミハード・ハードタイプのチーズを
スライス。（中央）チーズグレーター：おろし器の一種。チーズ
以外にも使える。（右）チーズおろし：ハードチーズを粉状にす
りおろす。

Part.1
前菜やおつまみに
手軽なひと皿

生の野菜や果物と組み合わせたり、さっと焼いたり。
手間いらずのレシピを集めました。
フランスの定番おつまみや、みんなが大好きな春巻きも。
ワインやビールにもよく合うひと皿です。

Camembert cheese
ベイクドカマンベール　作り方 ⇒ p.14

Mozzarella cheese

モッツァレラと緑のぶどう　作り方⇒p.14

11

Parmigiano Reggiano cheese

生カリフラワーとパルミジャーノ　作り方⇒p.15

Cottage cheese
Parmigiano Reggiano cheese
アスパラのチーズソース焼き　作り方 ⇒ p.15

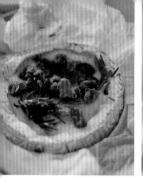

白カビ

ベイクドカマンベール

この食べ方はフランスでは、「モン・ドール」という
チーズでよくしますが、今回は手に入れやすい
カマンベールで。ゆでたカリフラワーやにんじんなどに
溶けたチーズをつけてもおいしい。

材料（作りやすい分量）

<u>カマンベール</u>　1個（250g）
クランベリー（ドライ）　大さじ1
ローズマリー　1枝
くるみ（ローストしたもの）　大さじ1
オリーブオイル　小さじ1

下準備

・ オーブンを180℃に予熱する

作り方

1 チーズはふちを1cm残して表皮にぐるりと切
　り目を入れ、ふちを残して表皮をはがす。

2 1にクランベリーとローズマリーを入れ、オ
　リーブオイルを回しかける。1で取り外した部
　分をふたのようにかぶせる。

3 チーズが入っていた木箱にオーブンシートを
　敷き、2を入れる。木箱ごとすっぽりとアル
　ミホイルで包み、180℃に熱したオーブンで
　15分焼く。取り出してかぶせたチーズを外し、
　くるみを手で割りながら散らす。

Memo
木箱がない場合は、耐熱皿にチーズを入れ、
アルミホイルを上にかぶせて、オーブンに入れる。

フレッシュ

モッツァレラと緑のぶどう

プチッと弾けるぶどうと、チーズの弾力。2つの食感が楽しい組み合わせ。
ミルキーなモッツァレラは、果物との相性ばつぐん。
少しの塩が、モッツァレラのまろやかさとぶどうの甘さを引き立てます。

材料（作りやすい分量）

<u>モッツァレラ</u>（フレッシュ）　1個（100g）
緑のぶどう（皮ごと食べられるもの）　200g
ミント　1/2パック分
ライムの搾り汁　1/2個分
ライムの皮　少量
塩　小さじ1/3
オリーブオイル　大さじ1

作り方

1 ぶどうは半分に切って、種があれば取り除き、
　ボウルに入れる。チーズをちぎって加え、ミ
　ント、ライムの搾り汁、塩、オリーブオイル
　を加えてさっと和える。器に盛り、ライムの
　皮をすりおろしてかける。

生カリフラワーとパルミジャーノ

パルミジャーノは、トッピングでなくメインの具材。
パリパリと歯切れのよいおいしさのカリフラワーと
パルミジャーノの風味を味わうひと皿です。
チーズとよく合う、ナッツのコクを足したドレッシングをかけて。

材料(作りやすい分量)

パルミジャーノ・レッジャーノ　10g 程度
　（好みの量）
カリフラワー　100g

[ドレッシング]
松の実　大さじ1
オリーブオイル　大さじ1½
塩　小さじ¼
ディジョンマスタード　小さじ1
はちみつ　小さじ½
白ワインビネガー　小さじ2

作り方

1 カリフラワーはスライサーなどでごく薄切りにして器に盛る。
2 ドレッシングを作る。松の実はから炒りして、すり鉢などですりつぶす。オリーブオイルを加えて混ぜ、塩、マスタード、はちみつ、ワインビネガーの順に加えてよく混ぜる。
3 チーズをスライサーでごく薄く削って1のカリフラワーをおおうようにかけ、さらに2をかける。

アスパラのチーズソース焼き

アスパラはオーブンで焼くと香ばしさがぐんと増します。
いつもならベシャメルソースを敷くところを、
今回はカッテージチーズと生クリームを合わせた簡単ソースで。
この軽やかさが、焼きアスパラのほのかな甘さを引き立てます。

材料(2人分)

A｜カッテージチーズ　70g
　｜生クリーム　50mℓ
　｜塩　小さじ⅓
グリーンアスパラガス　10本
オリーブオイル　小さじ1
卵　1個
パルミジャーノ・レッジャーノ (すりおろす)
　2g〜（好みの量）
黒こしょう　少々

下準備
・ オーブンを200℃に予熱する

作り方

1 アスパラガスは根元のかたい部分を切り落とす。下から⅓程度の皮をピーラーでむき、オリーブオイルで和えて耐熱皿に入れる。
2 Aを混ぜ合わせて1にかける。卵を割り入れて、パルミジャーノ・レッジャーノを全体に振る。
3 200℃に熱したオーブンで2を15分焼く。こしょうを振る。

Feta cheese

Mascarpone cheese

Mimolette cheese

16

簡単前菜3種

すいかには塩気の強いさっぱりしたフェタ。
にんじんにはまろやかな甘みのマスカルポーネ＆ナッツで香ばしさのアクセントを。
ほかほかのじゃがいもには、まるでからすみのような
味わいを持つ、しっかり熟成したミモレットを合わせて。

フレッシュ

すいかとフェタ（上）

材料（作りやすい分量）

フェタ　40g
すいか（皮をむいたもの）　250g
オリーブオイル　大さじ1
塩　少々
レモン汁　小さじ2
レモンの皮　少々
ミント　少々

作り方

1 すいかは種を取り除き、2〜3cm角に切って器に盛る。チーズをちぎって散らし、オリーブオイルと塩、レモン汁をかけ、レモンの皮をすりおろしてかける。ミントを散らす。

フレッシュ

にんじんとマスカルポーネ（右下）

材料（作りやすい分量）

A｜マスカルポーネ　60g
　｜はちみつ　小さじ2
にんじん　1本
塩　少々
スライスアーモンド（ローストしたもの）
　大さじ1

作り方

1 にんじんはスライサーでせん切りにする。
2 Aを混ぜて、1を和える。塩で味をととのえて器に盛り、アーモンドを散らす。

ハード

じゃがいもとミモレット（左下）

材料（作りやすい分量）

ミモレット　30g
じゃがいも　2個（1個150g）
バター　10g

作り方

1 じゃがいもは洗って水がついたまま皮ごとラップで包む。電子レンジで4分ほど、やわらかくなるまで加熱する。半分に切り、それぞれ切り口にバターを¼量ずつ塗る。
2 1を器に盛り、熱いうちにチーズをすりおろしてかける。

Brie cheese

Blue cheese

オーブン焼き 2種

ピリッと刺激的なブルーチーズの風味をしいたけが吸い込んで、
口に入れるとジュワッと濃厚なうまみがあふれ出ます。
甘酸っぱい焼きぶどうには、マイルドなブリーを合わせて。
オーブンで焼くだけで、チーズと素材においしい一体感が生まれます。

青カビ

しいたけとブルーチーズ (左)

材料 (作りやすい分量)
好みのブルーチーズ　40g
生しいたけ　大6個
　(ここでは直径7cm程度のものを使用)
くるみ　25g
オリーブオイル　大さじ1

下準備
・ オーブンを200℃に予熱する

作り方
1 しいたけは軸を切り落とし、かさの部分にチーズを入れる。オリーブオイルを回しかけ、くるみをのせて200℃に熱したオーブンで10分焼く。

Memo
しいたけは大ぶりのものを使うと
チーズがたっぷりのせられる。

白カビ

ぶどうとブリー (右)

材料 (作りやすい分量)
ブリー　100g
ぶどう (皮ごと食べられるピオーネ、巨峰など)
　250g
セージ　3〜4枚
A｜赤ワインビネガー　小さじ2
　｜砂糖　小さじ1
オリーブオイル　大さじ1

下準備
・ オーブンを220℃に予熱する

作り方
1 ぶどうにオリーブオイルをからめ、混ぜたAを振りかけて耐熱皿に入れる。
2 1を220℃に熱したオーブンで10分焼く。チーズとセージをちぎってのせ、温度を180℃に下げて、さらに5分焼く。

Memo
ぶどうは赤系のものを選ぶと、
焼いたときにカラメルっぽい風味が出ておすすめ。

チーズディップ3種

ピリッと心地よい刺激のブルーチーズは、ヨーグルトとマヨネーズでのばしてまろやかに。
グリルしたパプリカの甘さにはクリームチーズで酸味とコクをプラス。
ツナマヨならぬツナ&クリームチーズは、パセリを加えてさわやかに仕上げました。

`青カビ`

ブルーチーズのディップ（上）

材料（作りやすい分量）
好みのブルーチーズ　50g
マヨネーズ　60g
プレーンヨーグルト　100g
　（またはギリシャヨーグルト　50g）

作り方
1 ザルにペーパータオルを敷いてヨーグルトを入れ、20分おいて半量になるまで水きりをする。残りの材料とともにボウルに入れてよく混ぜる。

Memo
ギリシャヨーグルトを使う場合は水きりしなくてもよい。

`フレッシュ`

クリームチーズとパプリカのディップ（中）

材料（作りやすい分量）
クリームチーズ　100〜150g
パプリカ（赤）　1個
塩　適量
オリーブオイル　適量

下準備
・ オーブンを200℃に予熱する

作り方
1 天板にオーブンシートを敷き、パプリカをのせてオリーブオイルを回しかける。200℃に熱したオーブンで20分焼く。熱いうちにオーブンシートに包んで蒸らし、冷めたら皮をむく。ヘタとわたを取り除き、ペーパータオルで水気をふき、ミキサーにかけてペースト状にする。
2 1の重さの1.5倍量のチーズを耐熱容器に入れ、ラップをかけて電子レンジで40秒〜1分加熱する。
3 ボウルに1と2を入れてよく混ぜ、塩で味をととのえる。

`フレッシュ`

クリームチーズとツナのディップ（下）

材料（作りやすい分量）
クリームチーズ　70g
ツナ缶（オイル漬け）　小1缶
アンチョビ　大1枚（7g）
パセリ（みじん切り）　小さじ1

下準備
・ クリームチーズは室温にもどす

作り方
1 ツナはオイルをきる。
2 フードプロセッサーに1とチーズ、アンチョビを入れて撹拌し、ペースト状にする。ボウルに移し、パセリを混ぜる。

Blue cheese

Cream cheese

Cream cheese

21

Mozzarella cheese

フレッシュ

トマトとモッツァレラのブッラータ風

ブッラータは生クリームをモッツァレラで包んだようなチーズの一種。
このレシピはモッツァレラをブッラータ風にクリーミーに
アレンジしました。トマトはソースのからみがよくなるよう、
ぜひ湯むきのひと手間をかけて。

材料（作りやすい分量）

モッツァレラ（フレッシュ）　1個（100g）
フルーツトマト　3〜4個（1個80g）

A｜はちみつ　小さじ1弱
　｜塩　小さじ¼
　｜オリーブオイル　小さじ2

B｜サワークリーム　大さじ2
　｜牛乳　大さじ2
　｜レモン汁　小さじ1
　｜塩　ひとつまみ

タイム　1〜2枝
レモンの皮　少々

作り方

1 トマトはヘタを取り除き、ヘタの反対側に浅く十字に切り目を入れる。沸騰した湯にさっと入れ、氷水にとる。皮がめくれたら取り出し、皮をむく。

2 1を4等分のくし形に切り、大きければさらに切る。混ぜ合わせた**A**で和え、器に盛る。

3 **B**をボウルに入れ、よく混ぜる。チーズをちぎって加えてさっと混ぜ、**2**にのせる。オリーブオイル適量（分量外）を回しかけてタイムをちぎって散らし、レモンの皮をすりおろしてかける。

いちじくとモッツァレラ、生ハムのサラダ

穏やかないちじくの甘みと、キリッと塩気の効いた生ハム。
2つを自然につなげるのが、まろやかなモッツァレラです。
口の中でいちじくの果汁がチーズにからんで、
幸せな気分になれるサラダです。

材料(作りやすい分量)

モッツァレラ(フレッシュ)　1個(100g)

いちじく　2〜3個

生ハム　2枚

バジル　少々

A｜レモン汁　大さじ1
　｜はちみつ　小さじ1
　｜赤ワインビネガー　小さじ⅔
　｜塩　ひとつまみ
　｜こしょう　少々
　｜オリーブオイル　大さじ2

作り方

1 いちじくは皮をむき、4等分のくし形に切り、さらに斜め半分に切って器に盛る。

2 1にチーズと生ハム、バジルをそれぞれちぎってのせ、混ぜ合わせたAをかける。

Memo
バジルはタイムに替えても。

Mozzarella cheese

Parmigiano Reggiano cheese

チーズドレッシングのシーザーサラダ

パルミジャーノ・レッジャーノのコクたっぷりの
シーザードレッシングは、きっと好きな人が多いはず。
シンプルな材料ですが、チーズの力で食べ応えのあるサラダに。

材料（2人分）

パルミジャーノ・レッジャーノ　15g
ロメインレタス　1個
バゲット（1cm厚さのスライス）　6枚
A ｜ オリーブオイル　大さじ2
　｜ にんにく（すりおろす）　少々

［チーズドレッシング］
マヨネーズ　大さじ2
パルミジャーノ・レッジャーノ（すりおろす）　2g
レモン汁　大さじ1
ディジョンマスタード　大さじ½
にんにく（すりおろす）　少々
オリーブオイル　大さじ2½
塩、黒こしょう、ウスターソース（あれば）
　各少々

下準備

・ オーブンを120℃に予熱する

作り方

1 バゲットは120℃に熱したオーブンで10分
ほど焼く。1cm角程度にちぎり、**A** で和え、
180℃に熱したオーブンでさらに15分焼く。

2 食べやすい大きさにちぎったロメインレタス
と **1** を器に盛り、チーズを薄く削ってのせる。

3 チーズドレッシングの材料を混ぜ合わせ、**2** に
かける。

Memo

ドレッシングのパルミジャーノを好みのブルーチーズに
替えても。その場合、塩は不要。

白いんげん豆とパルミジャーノ

ゆっくりと加熱したやわらかな豆に、さっとすりおろした
チーズのうまみが混じり合う、イタリアでよく食べられているひと皿。
ごく素朴な、それでいて深い味わいです。ほかには、ミモレットや
ペコリーノ・ロマーノなど、熟成したチーズがおすすめです。

材料（作りやすい分量）

パルミジャーノ・レッジャーノ　4〜6g
白いんげん豆（乾燥）　100g
A ｜ にんにく　1片
　　｜ タイム　1〜2枝
　　｜ 塩　小さじ⅓
　　｜ オリーブオイル　小さじ1

下準備

・白いんげん豆を3倍量の水に
　6時間以上つけておく

作り方

1 鍋に水気をきった白いんげん豆とAを入れ、
かぶるほどの水を加える。中火にかけ、沸騰
したらアクを取り除いて弱火にし、40分〜1
時間やわらかくゆでる。

2 1をザルにあげて器に盛り、オリーブオイル
を回しかけ、軽く塩を振る（ともに分量外）。
仕上げにチーズをすりおろしてかける。

Parmigiano Reggiano cheese

春巻き2種

素材の味わいが強いししとうと生ハムには、
ほのかな酸味がさわやかな、ほろほろのカッテージチーズを。
ねっとりとしたアボカドと甘いとうもろこしには、
マイルドな味わいでほのかに酸味を感じるチェダーを。

ししとうと生ハムと
カッテージチーズ (左)

材料(5本分)
カッテージチーズ　100 〜 120g
春巻きの皮　5枚
生ハム　5枚
ししとう(ヘタを切り落とす)　10本
揚げ油　適量

下準備
・ 薄力粉と水各大さじ1（ともに分量外)を
　合わせてのりを作っておく

作り方
1 春巻きの皮の上に生ハムを広げ、ししとう2
　本とチーズ1/5量をのせて巻く。巻き終わりを
　のりで留める。残りも同様に作る。
2 フライパンに深さ1 〜 2cm の油を入れ、中温
　(170℃程度)に温める。1を入れ、こんがりと
　揚げる。

Memo
カッテージチーズはモッツァレラにしてもよい。

とうもろこしと
アボカドとチェダー (右)

材料(5本分)
ホワイトチェダー (粗くすりおろす)　40g
春巻きの皮　5枚
とうもろこし　小1本
アボカド　小1個
クミン(パウダーでもシードでも)　小さじ 1/2
塩　ひとつまみ
ライム(くし形切り)　1個
揚げ油　適量

下準備
・ 薄力粉と水各大さじ1（ともに分量外)を
　合わせてのりを作っておく

作り方
1 とうもろこしは実をそぎ落とす。
2 ボウルにアボカドを入れてつぶし、クミンと
　塩を加えて混ぜる。
3 2に1とチーズを加えて混ぜ、春巻きの皮に1/5
　量ずつのせて巻く。巻き終わりをのりで留め
　る。残りも同様に作る。
4 フライパンに深さ1 〜 2cm の油を入れ、中温
　(170℃程度)に温める。3を入れ、こんがりと
　揚げる。器に盛り、ライムを添える。

Memo
チェダーはピザ用チーズにしてもとろりとしておいしい。

Cottage cheese

White Cheddar cheese

Gorgonzola cheese

焼きいもとゴルゴンゾーラのサモサ風

ブルーチーズ特有の風味とさつまいもの甘さが絶妙。
ゴルゴンゾーラのほか、ロックフォールやブルー・ドーヴェルニュなど
好みのもので OK。ただ、チーズによって
含まれる塩分量が異なるので、味見をしてから量を加減してください。

材料 (15個分)

ゴルゴンゾーラ・ピカンテ　30g
春巻きの皮　5枚
焼きいも (皮を取り除いて)　90g
揚げ油　適量

下準備

・ 薄力粉と水各大さじ1 (ともに分量外)を
　合わせてのりを作っておく

作り方

1 春巻きの皮を3等分に切る。切った春巻きの
　皮1枚につき、チーズ2g、焼きいも6gをの
　せて三角形になるよう包む。包み終わりをの
　りで留める (**a**)。残りも同様に作る。

2 フライパンに深さ1〜2cmの油を入れ、中温
　(170℃程度)に温める。**1**を入れ、こんがりと
　揚げる。

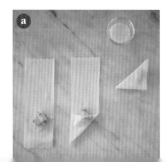

チーズせんべい

これこそ、チーズそのものの味を楽しめる、シンプルメニュー。
そのままつまむのはもちろん、はちみつをかけたり、
砕いてサラダのトッピングにしたり。好みのハードチーズ、
セミハードチーズで気軽に作れるひと皿です。

材料（適量）
コンテ、パルミジャーノ・レッジャーノなど、
　好みのハード・セミハードのチーズ（すりおろす）
　各適量

作り方
1 フッ素樹脂加工のフライパンを弱火にかけ、
　チーズ小さじ2を平たく（直径5cm程度に）広
　げる。
2 溶けたチーズのふちが乾いてきたら裏返し、
　全体がパリッとするまで焼く。ペーパータオ
　ルにのせて余分な脂を取り除く。

Memo
オーブンで作る場合は、オーブンシートを敷いた天板に
好みのチーズのすりおろしを隙間のないように広げ、
170 〜 180℃に熱したオーブンで15分ほど焼く。
食べるときに好みの大きさに割る。

Comté cheese or
Parmigiano Reggiano cheese

Camembert cheese
Cream cheese

タルトフランベ2種

フランス・アルザス地方の郷土料理、タルトフランベ。
クリームチーズとサワークリームを合わせたソースは、
まろやかなのにほんのり酸味も効いていて、
洋はもちろん、和風の具材とも不思議と相性がいいのです。

Mozzarella cheese
Cream cheese

タルトフランベのベース

材料（2枚分）

[生地]

A｜ 薄力粉　100g
　｜ 強力粉　50g
　｜ 塩　ひとつまみ
水　70mℓ
オリーブオイル　大さじ1

[フィリング]

クリームチーズ　80g
サワークリーム　50g
卵黄　1個分
塩、黒こしょう　各少々

下準備

・ クリームチーズは室温にもどす

作り方

1 Aを合わせてボウルにふるい入れ、水、オリーブオイルを加えてざっと手で混ぜる。

2 作業台に1を移し、表面がなめらかになるまで5分ほどこねる。まとまらないようなら、様子を見ながら水を少しずつ足す。2等分にして丸め、ラップをかけて室温で10分ほど休ませる（a／このまま冷蔵庫で1日保存可能）。

3 作業台に置き、角形なら28×23cm（b）、丸形なら直径26cm（c）を目安にめん棒でのばす。

4 生地1枚をめん棒に巻きつけてオーブンシートにのせる。

5 フィリングの材料をよく混ぜ合わせ、半量を4に塗る。もう1枚も同様に作る。

Memo

オイルが入った生地のため、作業台にくっつきにくいが、扱いづらいようなら、打ち粉（強力粉）をする。

 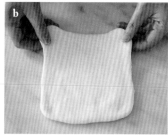 

りんごとカマンベールのサラダ（上）

材料と作り方（1枚分）

1 上記のタルトフランベのベースにカマンベールチーズ30gをちぎってのせる。

2 天板ごと260℃（オーブンの最高温度）に予熱したオーブンから天板を取り出し、1をオーブンシートごとのせて5〜6分焼く。

3 ベビーリーフ50gといちょう切りにしたりんご¼個分をオリーブオイル大さじ½、赤ワインビネガー小さじ½、塩少々を混ぜ合わせたドレッシングで和え、焼き上がった2にのせる。ローストしたくるみ適量を手で割りながら散らし、カマンベールチーズ70gをちぎってのせ、はちみつ適量をかける。

しらすとれんこん（下）

材料と作り方（1枚分）

1 長ねぎ½本は5〜6cm長さのせん切りに、れんこん60gは薄い輪切りにする。

2 オリーブオイル大さじ½と柚子こしょう小さじ¼を合わせ、1を和える。

3 上記のタルトフランベのベースに2を並べ、モッツァレラ（シュレッド）30gをのせる。しらす干し大さじ4を散らす。

4 天板ごと260℃（オーブンの最高温度）に予熱したオーブンから天板を取り出し、3をオーブンシートごとのせて5〜6分焼く。仕上げにオリーブオイル適量を回しかける。

グジェール

チーズをのせたシュー皮で、フランスの代表的なおつまみ。
カリッと香ばしく焼き上がったその味は、気軽なスナック感覚。
いろいろなチーズを使えば、それぞれの味の違いが楽しめます。

材料（約30個分）

<u>ミモレット、コンテ、パルミジャーノ・レッジャーノ</u>
　など好みのチーズ（粗くすりおろす）　各適量

A ┌ バター（1cm角に切る）　30g
　　│ 牛乳、水　各40mℓ
　　│ 砂糖　小さじ ½
　　└ 塩　小さじ ¼

薄力粉　45g

溶き卵　2個分程度

黒こしょう　少々

下準備

・ オーブンを200℃に予熱する

作り方

1 鍋に**A**を入れて中火にかける。バターが完全
　に溶けてふつふつとしたら（**a**）火を止め、薄
　力粉をふるい入れる。

2 **1**を木べらで混ぜ、ひとまとまりになったら
　中火にかける。生地を鍋肌に押しつけるよう
　にして、全体に火が入るように混ぜる。生地
　の表面がつるんとして、鍋肌や底に生地がこ
　びりつくようになったら（**b**）ボウルに移す。

3 **2**に溶き卵を何度かに分けて加えながら、よ
　く混ぜる（溶き卵小さじ1をつや出しのために
　残しておくとよい）。生地の中に卵がしっかり
　入ったのを確認してから卵を足すようにする。
　木べらを持ち上げたときに生地が三角形に
　ゆっくり落ちていくくらいになったら（**c**）、口
　径1cmの丸口金をつけた絞り袋に入れる。

4 天板にオーブンシートを敷き、**3**を直径2cm、
　高さ1cm程度に絞り出す（**d**）。

5 **3**でつや出し用に残した溶き卵を指につけて、
　先のとがった部分を押さえる（**e**／卵が残って
　いなかったら水でよい）。

6 好みのチーズをひとつまみずつのせ、こしょ
　うを振る（**f**）。200℃に熱したオーブンで10分
　焼く。180℃に下げて10～15分焼く。

Memo

焼き上がったものは冷凍で約2週間保存可能。
リベイクすればできたてのおいしさに。

Mimolette cheese
Comté cheese
Parmigiano Reggiano cheese

Part.2
メインに
満足感のあるひと皿

グラタンや肉料理、パスタやドリア、リゾットなど、
ボリューム感のあるチーズレシピ。
コクのある、チーズならではの風味と
とろけるおいしさが楽しめます。

Mozzarella cheese
Parmigiano Reggiano cheese
Cottage cheese

フレッシュ 　ハード

ラザニア

ベシャメルソースの代わりに、混ぜるだけの
軽やかなカッテージチーズのソースを合わせました。
さらにフレッシュなトマトとディルを重ねて、
後味さわやかに仕上げています。

材料（30×20×高さ5cmの耐熱皿1個分）

<u>モッツァレラ（シュレッド）</u>　100g

<u>パルミジャーノ・レッジャーノ</u>（すりおろす）　15g

ラザニア　4〜5枚

トマト（薄切り）　大1個

ディル　3〜4枝

［ミートソース］

合いびき肉　250g

A | 玉ねぎ（みじん切り）　½個
　 | セロリ（みじん切り）　½本
　 | マッシュルーム（みじん切り）　½パック
　 | 　（50g）
　 | にんにく（みじん切り）　1片

赤ワイン　½カップ

トマト水煮缶　1缶（400g）

ナツメグ　少々

塩　小さじ½

こしょう　少々

［ホワイトソース］

<u>カッテージチーズ（裏ごしタイプ）</u>　200g

生クリーム　1カップ

コーンスターチ　大さじ1

塩　ひとつまみ

下準備

・ 耐熱皿の内側にバター適量（分量外）を塗る

作り方

1 ミートソースを作る。フライパンにひき肉を入れ、こしょうを振る。強めの中火で熱し、へらなどで押しつけながら焼きつけ（**a**）、出てきた脂をペーパータオルでふき取る。ひき肉を端に寄せ、空いたところに**A**を加え、玉ねぎが透明になるまで炒める。

2 肉に焼き色がついたら大きめにほぐして裏返す。赤ワインを加えて沸かし、トマトの水煮、ナツメグを加え、塩とこしょうで味をととのえて中火で15分ほど煮詰める。

3 ホワイトソースを作る。ボウルにカッテージチーズを入れ、生クリームを少しずつ加えながら泡立て器でなめらかになるまで混ぜ、コーンスターチと塩を加えてさらに混ぜる。

4 ラザニアを袋の表示通りにゆでて冷水にとり、ペーパータオルで水気をよくふき取る。

5 耐熱皿に**4**の半量を敷き、**2**の半量、トマトの全量をのせ、**3**の半量をかけて（**b**）、ディルの半量をのせる。同じ順番で（トマトは除く）もう一度重ねる。

6 **5**にモッツァレラをのせ、30分ほどおいてなじませる。パルミジャーノ・レッジャーノを振りかけ（**c**）、200℃に熱したオーブンで25〜30分焼く。

Memo

焼く前にラップをかけて、冷蔵庫で30分以上おくと、ソースがなじんでぐっとおいしくなる。

Gruyère cheese
Parmigiano Reggiano cheese

かぼちゃとさつまいものグラチネ　作り方 ⇒ p.40

Mozzarella cheese
Parmigiano Reggiano cheese

えびとマッシュルーム、里いものグラタン　作り方⇒p.41

セミハード　ハード

かぼちゃとさつまいものグラチネ

グリュイエール特有の風味がアクセント。
とっても簡単な冬に食べたいオーブン料理。
根菜はあらかじめ電子レンジで加熱しておくと
焼き時間が短くなり、チーズのフレッシュな風味も生かせます。
肉料理のつけ合わせとしても。

材料（28×24×高さ4cmの耐熱皿1個分）
グリュイエール（粗くすりおろす）　30g
パルミジャーノ・レッジャーノ（すりおろす）　30g
かぼちゃ　200g
さつまいも　小1本（200g）
生クリーム　1カップ
にんにく（すりおろす）、塩、ナツメグ　各少々

下準備
・オーブンを230℃に予熱する

作り方
1 かぼちゃとさつまいもは皮つきのまま2〜
　3mm厚さに切る。
2 チーズ2種を混ぜ合わせる。
3 耐熱皿に2を大さじ1〜2程度敷き、上に1を
　並べる。
4 3に生クリームを注ぎ（**a**）、にんにく、塩、ナ
　ツメグを散らす。ラップをかけ、電子レンジ
　で3〜4分加熱する。
5 4に残りの2をかけ、230℃に熱したオーブン
　で10分ほど焼く。

えびとマッシュルーム、里いものグラタン

仕上げに散らすのは、食感の軽いパルミジャーノと
パン粉。モッツァレラも使っているので、
口にするたび、チーズの風味が一気に広がります。
軽やかだけれど、満足感は保証つき。

材料(24×16×高さ5cmの耐熱皿1個分)
<u>モッツァレラ(シュレッド) 50g</u>
<u>パルミジャーノ・レッジャーノ(すりおろす)</u>
　8〜12g
えび(殻をむいて背わたを取る) 10尾
マッシュルーム ½パック(50g)
里いも 200g
玉ねぎ(粗みじん切り) ¼個
にんにく(みじん切り) ½片
白ワイン 大さじ2
オリーブオイル 小さじ1
パン粉 大さじ2〜3
バター 大さじ1

[ベシャメルソース]
バター 40g
薄力粉 40g
牛乳 2カップ
塩、こしょう 各少々

下準備
・オーブンを200℃に予熱する

作り方

1 里いもは洗って水がついたまま皮ごとラップ
　で包み、電子レンジで2分ほど加熱する。熱
　いうちに皮をむき、2cm角に切る。マッシュ
　ルームは半分に切る。えびは洗って水気をふ
　き取る。

2 ベシャメルソースを作る。鍋にバターを中火
　で熱し、溶けたら薄力粉を振り入れて火を弱
　め、よく炒める(a)。クッキーのような香りが
　してきたら、牛乳の半量を入れ、泡立て器で
　混ぜる。全体になじんだら残りの牛乳を入れ、
　とろみがつくまで混ぜながら火を入れる(b)。
　塩、こしょうで味をととのえる。

3 フライパンにオリーブオイルを中火で熱し、
　にんにくと玉ねぎ、1を炒める。えびの色が変
　わったら白ワインを入れ、軽く水分を飛ばす。
　2のベシャメルソースと混ぜ合わせ、耐熱皿
　に移す。

4 3にモッツァレラをのせ、パン粉とパルミ
　ジャーノ・レッジャーノを振りかけ、バター
　をちぎって散らす。200℃に熱したオーブンで
　20〜25分焼く。

Memo
ベシャメルソースは、バター1:粉1:牛乳10と
比率で覚えておくと、
いつでも好きな分量で作ることができる。

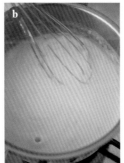

Parmigiano Reggiano cheese

ハード

チキンソテー チーズクランブル焼き

パルミジャーノとアンチョビとドライトマトという、
どれもが濃厚なうまみを持つ3つをクランブルに。
肉も魚も野菜も、これさえ振りかければ、
チーズの香り漂うごちそうに早変わりです。

材料（2人分）
鶏もも肉　2枚（400g）
塩　小さじ⅓
こしょう　少々

［チーズクランブル］
パルミジャーノ・レッジャーノ（すりおろす）　15g
アンチョビ　6g
ドライトマトのオイル漬け　15g
タイム　2〜3枝
パン粉　大さじ3
オリーブオイル　大さじ½

下準備
・オーブンを180℃に予熱する

作り方
1 鶏肉は1枚を4〜5等分に切り、塩、こしょう
　で下味をつける。
2 チーズクランブルを作る。タイムは葉を摘み、
　アンチョビとドライトマトはみじん切りにし
　て、残りの材料と混ぜ合わせる（**a**）。
3 耐熱皿に**1**を並べ、**2**をかけて180℃に熱した
　オーブンで25〜30分焼く。

Memo
塩は種類によって味わいに違いがあるので、
味をみて調整を。
チーズクランブルは冷凍で2週間保存可能。

Arrange
卵のチーズクランブル焼き

材料と作り方（直径15cmの耐熱皿1個分）
耐熱皿にトマトスライス3〜4枚をのせ、卵1個
を割り入れる。チーズクランブル大さじ1〜2を
振りかけ、200℃に熱したオーブンで10分ほど焼く。

Camembert cheese

白カビ

タルティフレット

フランス・サヴォワ地方の郷土料理。
本来は「ルブロション・ド・サヴォワ」というチーズを使いますが、
今回は手に入りやすいカマンベールで。
そのムチッとした食感と表皮のほろ苦さが味に深みをもたらします。
底にベーコンを敷いてカリッとさせ、ケーキ風に仕上げました。

材料（直径21cmのスキレット1個分）

カマンベール　100g

じゃがいも（メークイン）　2～3個
　（250～300g）

ベーコン　7～8枚

玉ねぎ（薄切り）　¼個

にんにく（みじん切り）　1片

生クリーム　½カップ

塩、こしょう　各適量

下準備

・オーブンを250℃に予熱する

作り方

1　じゃがいもは洗って水がついたまま皮ごとラップで包み、電子レンジで4分ほど、やわらかくなるまで加熱する。皮をむいて5mm厚さの輪切りにする。

2　スキレットにベーコンを隙間なく敷き、はみ出た部分を切る（**a**）。切り取ったベーコンをフライパンに入れて中火で熱する。脂が出てきたら、にんにくを炒める。香りが立ったら玉ねぎと塩、こしょうを加え、玉ねぎが透き通るまで炒める。

3　2のスキレットに1を隙間なくのせて2をかける（**b**）。生クリームを注ぎ、大きく切ったチーズをのせて（**c**）、250℃に熱したオーブンで10分ほど焼く。

豚ヒレ肉のコートレット

やわらかな豚肉と生ハムにチーズがからみ、
セージの香りが口いっぱいに広がります。
この食材の組み合わせは、ローマの料理「サルティンボッカ」から。
ひと口で、素材のおいしさを一度に楽しめる料理です。

材料（6個分）

ラクレット　50g
豚ヒレ肉　240g（長さ15cm程度）
生ハム　3枚
セージ　6枚
こしょう　少々

［衣］
A｜卵　1個
　｜薄力粉　小さじ2
　｜水　大さじ1
薄力粉、パン粉（細かいもの）　各適量

米油（または太白ごま油）、
　クレソン、レモン　各適量

作り方

1 豚肉は繊維を断ち切る方向で6等分に、2.5cm厚さ程度に切る。チーズ、生ハム、セージを挟めるよう、厚さ半分のところに切り込みを入れ、軽くこしょうを振る。

2 チーズを6等分に切り分ける。生ハムは長さを半分に切る。セージはちぎる。

3 2の生ハム1枚でチーズ1個を包み、セージとともに1の切り込みに挟む（**a**）。残りも同様に作る。ラップをかぶせて厚みが1cmになるまでめん棒などでたたく（**b**）。表面に薄力粉を軽くはたく。

4 Aを混ぜ合わせたものに3をくぐらせ、全体にパン粉をまぶす。

5 フライパンに深さ1cmほどの油を入れ、中火で熱する。4の両面を色よく揚げ焼きにして器に盛る。クレソンとレモンを添える。

Memo
チーズと生ハムの塩気があるので、
豚肉にうっかり塩を振らないよう注意して。
ハーブはセージのほか、バジルもよく合う。
チーズはモッツァレラ、カチョカバロでもおいしい。

Raclette cheese

Mozzarella cheese

フレッシュ

アリゴ

チーズがのびるパフォーマンスが楽しい、食卓が盛り上がるメニュー。
にんにくが香るマッシュポテトに、たっぷりのチーズとバター＆生クリーム。
フランスではさらっとのびやすい「トム・フレッシュ」で作られますが、
ここでは同じようによくのびる、モッツァレラを使いました。

材料（2〜3人分）

モッツァレラ（シュレッド）　150g
じゃがいも　200g（正味150g）
にんにく（すりおろす）　少々
バター　小さじ1
生クリーム　大さじ3
牛乳　50mℓ 程度
塩、こしょう　各少々
ソーセージ　適量

作り方

1 じゃがいもは洗って水がついたまま皮ごと
ラップで包み、電子レンジで4分ほど、やわ
らかくなるまで加熱する。皮をむいてつぶす。

2 鍋ににんにくとバターを入れて中火で熱し、
生クリームを加えて沸騰する直前まで温める。
チーズを加え、ほぼ溶けてきたら1を加えて
よく練る。牛乳でかたさを調節し、塩、こしょ
うで味をととのえる。加熱したソーセージに
添える。

Memo
フランスでは肉料理のつけ合わせですが、
野菜やパンにつけてもおいしい。

Brie cheese

白カビ

鶏肉のチーズシチュー

表皮にほろ苦さを持つブリーを使った、大人のシチュー。
チーズは味つけ、風味づけであるとともに、
具材のひとつとも考えて、溶かしきらないのがポイント。
ひと皿のなかで、チーズのさまざまな味わいが楽しめます。

材料（2〜3人分）

ブリー　100g
鶏もも肉　2枚（400g）
かぶ　小3個
玉ねぎ（薄切り）　½個
にんにく（つぶす）　1片
塩　小さじ⅔＋小さじ⅓
こしょう　少々
薄力粉　大さじ1＋大さじ1½
バター　大さじ1
白ワイン　大さじ2
A｜ ローズマリー　1枝
　　牛乳　250㎖

作り方

1 鶏肉は余分な脂肪をハサミで切り、1枚を4等分に切る。塩小さじ⅔とこしょうで下味をつけ、薄力粉大さじ1をまぶす。かぶは皮つきのまま4等分のくし形に切る。

2 フライパンにバターを入れて中火にかけ、**1**の鶏肉を皮目を下にして並べる。こんがりと焼けたら裏返し、空いたところににんにくと玉ねぎ、塩小さじ⅓を入れて炒める。

3 **1**のかぶを加えてさっと混ぜ、薄力粉大さじ1½を振る。白ワインを加えて沸騰させ、**A**を加える。煮立ったらアクを取り、ふたをして弱火で15分ほど、かぶがやわらかくなるまで煮る。仕上げにチーズをちぎってのせる。

フレッシュ

豚肉の赤ワイン煮込み
チーズのせ

チーズとみそは、発酵食品同士で好相性。
赤ワインを加えて煮込んだら
どこかフランスっぽい味わいになりました。
使うチーズはモッツァレラ。
うまみを足すとともに、そのまろやかさが、
赤みその塩気を和らげます。

材料(2〜3人分)
モッツァレラ(ブロック)　150g
豚肩ロースかたまり肉　450g
長ねぎ　3本
トマト(ざく切り)　1個
にんにく(つぶす)　1片
赤ワイン　50mℓ
A｜赤みそ　大さじ3〜4
　｜砂糖　大さじ1
塩　小さじ½
こしょう　少々
オリーブオイル　大さじ1

作り方
1 豚肉は3cm角に切り、塩、こしょうで下味を
　つける。長ねぎは4〜5cm長さの斜め切りに
　する。
2 鍋にオリーブオイルとにんにくを入れて中火
　で熱し、1の豚肉を加え、表面の色が変わるま
　で炒める。長ねぎと赤ワインを加えてひと煮
　立ちさせる。
3 トマトを加え、ひたひたまで水を加える。煮
　立ったらアクを取り、弱火にする。
4 Aを小さなボウルに入れ、3の煮汁少々で溶い
　て加える(a)。ふたをして30〜40分、肉がや
　わらかくなるまで煮て、チーズをのせる。

Mozzarella cheese

51

Red Cheddar cheese
Gruyère cheese

マカロニ＆チーズ

アメリカのソウルフードで、作り方もいろいろ。
ここでは、マカロニは別ゆでせずフライパンひとつで気軽に作りました。
今回はチェダーをベースにグリュイエールを加え、酸味とコクを足しています。
マスタードで味を引き締めるのがポイントです。

材料(2人分)
レッドチェダー(粗くすりおろす)　100g
グリュイエール(粗くすりおろす)　30g
マカロニ　150g
玉ねぎ(みじん切り)　½個
A｜パン粉　¼カップ
　｜バター　5g
バター　20g
薄力粉　大さじ2
牛乳　2カップ
水　2カップ
塩　小さじ⅓
ディジョンマスタード　小さじ½

作り方
1 フライパンにAを入れて中火にかけ、きつね
　色になってパラパラになるまで炒めて取り出
　す。
2 フライパンにバターを中火で熱し、玉ねぎを
　加えて透き通るまで炒める。薄力粉を振り入
　れてなじませる。
3 へらでよく混ぜながら牛乳を少しずつ加え、
　ダマがなくなったら水とマカロニ、塩を加え
　て、袋の表示時間通りに煮る。
4 チーズ2種とマスタードを加え(a)、煮詰め
　る。味を見て、足りなければ塩(分量外)を加え、
　仕上げに1のパン粉を振る。

Arrange
カリフラワー＆チーズ

材料と作り方(2人分)
カリフラワー1個を小房に分け、マカロニの代
わりに入れて5分煮る。仕上げにカレー粉少々
をかけても。

Parmigiano Reggiano cheese

ハード

卵とチーズのタリアテッレ

以前、ローマで出合ったチーズたっぷりのパスタを思い出して作りました。
アスパラのほか、ブロッコリーやそら豆もよく合います。
野菜をプラスすることで、バランスよく彩りのよい満足感あるひと皿に。

材料(2人分)

パルミジャーノ・レッジャーノ(すりおろす)　40g～
タリアテッレ　160g
グリーンアスパラガス　4～5本
卵　1個
にんにく(つぶす)　1片
生クリーム　¼カップ
塩　適量
黒こしょう　少々

作り方

1 アスパラガスは根元のかたい部分を切り落とす。下から⅓程度の皮をピーラーでむき、3～4cm長さに切る。

2 鍋にたっぷりの水を入れ、にんにくと塩分0.8％程度になる分量の塩(水1ℓに対して塩8g)を入れて火にかける。沸騰したらタリアテッレを袋の表示通りにゆで始める。ゆで上がり2分前に **1** を加えて一緒にゆでる。

3 チーズをボウルに入れ、生クリームと卵を加えてよく混ぜる。ゆで上がった **2** を熱いうちに湯をきって加え、混ぜる。完全に混ざったら塩、こしょうで味をととのえ、器に盛る。

Pecorino Romano cheese

カチョエペペ

イタリア語で〝カチョ〟はチーズで〝ペペ〟はこしょう。
その名の通り、チーズのシンプルなパスタ。
チーズはお好みのものを…と言いたいところですが、
これはかりはミルキーで塩気のほどよいペコリーノ・ロマーノがおすすめです。

材料（2人分）
ペコリーノ・ロマーノ（すりおろす）　80g
スパゲティ　180g
塩、黒こしょう　各適量

作り方
1 鍋にたっぷりの水を入れ、塩分0.8％程度になる分量の塩（水1ℓに対して塩8g）を入れて火にかける。沸騰したらスパゲティを袋の表示通りにゆで始める。
2 フライパンにチーズとスパゲティのゆで汁½カップを入れ、中火にかけてチーズを溶かし、ゆで上がったパスタを水気をきって加えてからめる。器に盛り、こしょうを振る。

Mozzarella cheese

モッツァレラと桃のパスタ

桃とミルキーなモッツァレラは本当によく合います。
パスタとつなげるために、フレッシュなトマトをピュレにしました。

材料(2人分)

モッツァレラ(フレッシュ)　1個(100g)

カッペリーニ　100g

桃　1個(250g)

トマト　1個(120g)

A｜レモン汁　小さじ1
　｜塩　小さじ½
　｜オリーブオイル　大さじ1

ミント、レモンの皮　各少々

作り方

1 トマトはヘタの反対側に浅く十字に切り目を入れる。沸騰した湯にさっと入れ、氷水にとる。皮がめくれたら取り出し、皮をむく。桃も同様に皮をむく。

2 1のトマトはヘタと種を取り除き、フードプロセッサーにかけてピュレ状にする。Aを加えて混ぜ、冷やす。

3 鍋にたっぷりの水を入れて、塩分0.8%程度になる分量の塩(水1ℓに対して塩8g)を入れて火にかける。沸騰したらカッペリーニを袋の表示より1分長くゆで、氷水で冷やし、ザルにあげて水気をきる。さらにペーパータオルで水気をよくふき、塩とオリーブオイル各少々(分量外)で下味をつける。2で和え、器に盛る。

4 チーズをちぎって3にのせ、薄切りにした1の桃、ミントをのせる。レモンの皮をすりおろしてかける。

Memo

桃は十分熟して皮が簡単にむけるようなら、熱湯に入れずにそのまま皮をむく。

Parmigiano Reggiano cheese

ハード

チーズとマッシュルームのリゾット

シンプルなお米料理に使うと、パルミジャーノはだしになるのだと実感します。
同じく、おいしいだしが出るマッシュルームと合わせた、
シンプルだけどうまみがいっぱいのリゾットです。

材料（2人分）

パルミジャーノ・レッジャーノ（すりおろす）　20g
米　1合
マッシュルーム（薄切り）　1パック（100g）
玉ねぎ（みじん切り）　50g
にんにく（薄切り）　小1片
コンソメスープ（コンソメスープの素を
　表示の倍量の水で溶いたもの）　3カップ
塩　小さじ½
黒こしょう　少々
オリーブオイル　大さじ1

作り方

1 鍋にオリーブオイル、玉ねぎ、にんにくを入れて弱火にかけ、香りが立ったらマッシュルームを加え、中火にして炒める。玉ねぎが透き通ったら米と塩を加えてざっと炒め合わせる。

2 1にスープを2カップ加え、ふたをせずに中火で15分煮る。

3 残りのスープとチーズを加え、汁気がほぼなくなるまで煮詰める。仕上げにチーズ適量（分量外）を削りかけ、こしょうを振る。

Memo
ここではコンソメスープを使いましたが、
あっさりと仕上げるなら水に替えても。

チキンライスのドリア

懐かしい洋食気分のドリアも、モッツァレラとパルミジャーノの2種を使えば、
立体的な味わいになり、ごちそう感あるひと皿に。
パルミジャーノは少量でも、確実においしさを底上げします。

材料 (23×18×高さ5cmの耐熱皿1個分)
<u>モッツァレラ</u>（シュレッド）　100g
<u>パルミジャーノ・レッジャーノ</u>（すりおろす）　4g

[チキンライス]
鶏もも肉（2cm角に切る）　½枚
ごはん　300g
トマト水煮缶（裏ごしタイプ）　½缶（200g）
にんにく（つぶす）　1片
塩　小さじ½
こしょう　少々
オリーブオイル　大さじ1

[ホワイトソース]
玉ねぎ（粗みじん切り）　½個
バター　30g
薄力粉　30g
牛乳　1½カップ
塩、こしょう　各少々

パン粉　大さじ1
バター　小さじ1

下準備
・ オーブンを200℃に予熱する

作り方

1 チキンライスを作る。フライパンにオリーブオイルとにんにくを入れ、弱火にかける。香りが立ったら鶏肉を皮目を下にして入れ、中火にする。こんがり焼き色がついたら裏返し、トマトの水煮を加えてひと煮立ちさせる。

2 ごはんを加えて軽く煮詰め、塩、こしょうで味をととのえる（**a**）。

3 ホワイトソースを作る。鍋にバターを中火で熱し、玉ねぎを加える。しんなりしたら薄力粉を加えてまぶすように炒め、牛乳を加えて、ヘラでよく混ぜながらとろりとするまで煮詰める。塩、こしょうで味をととのえる。

4 器に**2**を敷き詰め、**3**をかける。モッツァレラをのせ、パルミジャーノ・レッジャーノ、パン粉、ちぎったバターを振りかけて200℃に熱したオーブンで20分ほど焼く。

Memo
ホールタイプのトマト水煮缶を使う場合は、
手でつぶすなどして、ピュレ状にする。

Mozzarella cheese
Parmigiano Reggiano cheese

Part.3
ブランチや軽食に便利なひと皿

チーズの相棒にはパンが欠かせません。
ここでは世界のおいしいチーズ＆パンの料理のほか、
ケークサレやビスケットなど、ブランチや小腹が空いたときに
気軽に作れる私のお気に入りのメニューを紹介します。

Cottage cheese
Gruyère cheese
クロックマダム　作り方⇒p.64

Cottage cheese
Gruyère cheese

クロックムッシュ　作り方⇒p.64

Gruyère cheese

オニオングラタンスープ 　作り方 ⇒ p.65

Red Cheddar cheese

ツナメルトサンド　作り方⇒p.65

クロックムッシュ
クロックマダム

パンにハムとチーズ、ベシャメルソースを組み合わせた
パリのカフェの定番軽食メニュー、クロックムッシュ。
目玉焼きをのせると、クロックマダムになります。
ベシャメルソースをカッテージチーズと生クリームを
合わせたソースにすれば、手軽に作ることができます。
チーズはなんでもいいのですが、グリュイエールがパリの味。

材料(各1個分)

A｜カッテージチーズ　70g
　｜生クリーム　大さじ3
グリュイエール（粗くすりおろす）　80〜100g
食パン（8枚切り）　4枚
ロースハム　4枚
目玉焼き　1枚
バター　適量
黒こしょう　少々

下準備

・オーブンを200℃に予熱する

作り方

1 **A**をよく混ぜ合わせる。

2 パン2枚の片面にバターを塗り、ハムを2枚ず
つのせる。それぞれに**1**の¼量を塗ってグリュ
イエールの¼量をのせ、もう1枚のパンで挟む。

3 **2**のサンドイッチの上に、残りの**1**を等分に
塗ってグリュイエールも等分にのせる。

4 200℃に熱したオーブンで10〜15分焼く。
クロックムッシュにはこしょうを振り、クロッ
クマダムには目玉焼きをのせる。

オニオングラタンスープ

じっくり炒めた玉ねぎの甘さに、とろりと溶けた
グリュイエールのほどよい塩分とコクと香りが絶妙なバランス。
材料も手順もシンプルなのに、格別な一杯です。

材料（直径12×高さ6.5cmの器2個分）
グリュイエール（粗くすりおろす）　50g
A｜玉ねぎ（薄切り）　2個
　｜にんにく（薄切り）　½片
　｜塩　小さじ⅓
　｜バター　10g
バゲット（1cm厚さのスライス）　4枚
ローリエ　1枚
チキンスープ　2½カップ
こしょう　少々

下準備
・オーブンを使う場合は240℃に予熱する

作り方
1 鍋にAを入れてざっと混ぜ、強火にかける。玉ねぎが透き通ってきたら中火にし、ときどき混ぜてあめ色になるまで30分ほど炒める。
2 1にスープとローリエを加え、5分ほど煮る。半量ずつ器に注ぐ。
3 バゲットを軽くトーストして2に浮かべ、チーズをのせて240℃に熱したオーブンで7～8分、またはオーブントースターで焼き目がつくまで焼く。仕上げにこしょうを振る。

Memo
玉ねぎを炒めるときは、ときどき混ぜるくらいで
放置するのが早くあめ色にするコツ。

ツナメルトサンド

このサンドには、チェダーのほのかな酸味が似合います。
こってりに見えますが、トマトやセロリ、ピクルスのさわやかさで
どんどん食べ進んでしまいます。チーズはたっぷりと使って。

材料（1個分）
レッドチェダー　80g
食パン（8枚切り）　2枚
ツナ缶（オイル漬け）　70g
トマト（薄い輪切り）　小1個
A｜セロリ（みじん切り）　大さじ1
　｜ピクルス、玉ねぎ（ともにみじん切り）
　｜　各小さじ1
　｜パセリ（みじん切り）　小さじ½
　｜マヨネーズ　大さじ2
バター　小さじ1

作り方
1 ボウルにAを入れ、油をきったツナを加えて混ぜ合わせる。
2 チーズは3枚程度にスライスする。
3 パン1枚に1を塗り、トマトと2を重ねてもう1枚のパンで挟む（**a**）。
4 フライパンにバター半量を中火で熱し、3を軽く押さえながら焼く。ひっくり返して残りのバターを入れ、さらにじっくり弱めの中火で焼く。半分に切って器に盛る。

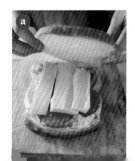

Mozzarella cheese

じゃがいものパンケーキ

マッシュポテトをベースにした、もちもちした北欧スタイルのパンケーキ。
モッツァレラをつなぎに使った、コクを感じる仕上がりです。
パン粉をまぶして焼くことで、食感がカリッと軽やかに。
水きりヨーグルトをつけて、さわやかにいただきます。

材料 (6〜7個分)

モッツァレラ (シュレッド)　120g
じゃがいも　2個 (1個160〜180g)
バター　大さじ1
A｜卵　小1個
　｜青ねぎ (小口切り)　大さじ1
　｜薄力粉　大さじ3
パン粉 (細かいもの)　1カップ
米油 (または太白ごま油)　適量
プレーンヨーグルト　100g
スモークサーモン　4枚
レモン (くし形切り)　1〜2個
ディル　1枝

作り方

1 ザルにペーパータオルを敷いてヨーグルトを入れ、30分おいて水きりをする。

2 じゃがいもは洗って水がついたまま皮ごとラップで包み、電子レンジで4分ほど、やわらかくなるまで加熱する。熱いうちに皮をむき、マッシャーなどでつぶしてバターを混ぜておく。

3 2にAとチーズを混ぜ、ディッシャーかスプーンで6〜7等分に分け (a)、丸めてから軽くつぶし直径8cmほどにする。全体にパン粉をまぶす (b)。

4 フライパンに深さ1cmほど油を入れ、中火で熱する。3の両面を揚げ焼きにしてきれいな焼き色をつけ (c)、器に盛る。1、スモークサーモン、レモン、ディルを添える。

リコッタパンケーキ

リコッタの余韻がさわやかな、ふわりと溶ける、スフレのようなパンケーキ。
メレンゲをていねいに泡立てると、このふわふわ感を味わえます。
高さを出すために、ふたをしてじっくり焼きましょう。
リコッタは牛乳から手軽に作れるので、ぜひ自家製のものを。

材料（4枚分）

リコッタ　110g
卵　2個
牛乳　80mℓ
薄力粉　80g
ベーキングパウダー　小さじ½
塩　ひとつまみ
砂糖　大さじ2

［ハニーバター］

A ｜ バター　30g
　　｜ はちみつ　小さじ2

粉糖、好みの柑橘類の果肉　各適量

下準備

・卵は直前まで冷蔵庫で冷やしておく
・バターは室温にもどす

作り方

1 卵は卵黄と卵白に分ける。

2 ボウルに卵黄とチーズと牛乳を入れて泡立て器でよく混ぜ合わせ、薄力粉とベーキングパウダーをふるい入れてさっくり混ぜる。

3 別のボウルに卵白と塩を入れ、ハンドミキサーで泡立てる。白っぽくなってきたら砂糖を2〜3回に分けて加え、つのがピンと立つくらいしっかりとしたメレンゲにする（**a**）。

4 2に3の⅓量を加え、しっかりと混ぜる。残りの3を加え、泡をつぶさないようにさっくり混ぜる（**b**）。

5 フッ素樹脂加工のフライパンを中火で熱し、4を¼量ずつ円形に整えて入れる。ふたをし、きつね色に色づくまで焼く。裏返してさらに1〜2分焼く。

6 5を器に盛り、粉糖をかける。混ぜ合わせた**A**と薄皮をむいた柑橘類を添える。

自家製リコッタ

材料（作りやすい分量／出来上がり量約110g）

牛乳（できれば乳脂肪分の高いもの）
　2½カップ
白ワインビネガー
　（またはレモン汁、好みの酢）　大さじ2

作り方

1 鍋に材料を入れ、中火にかける。沸騰直前（80℃）まで温めたら火を止め、5分ほどおく（**c**）。

2 ペーパータオルをのせたザルにあげ、30分ほどおいて水気をきる（**d**）。フードプロセッサーでなめらかになるまで攪拌する。

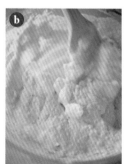

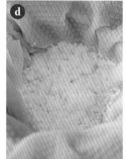

Ricotta cheese

Mozzarella cheese

フレッシュ

ズッキーニとモッツァレラレモン

チーズと野菜をこんがり焼き、アクセントにレモンをひと搾り、
フライパンひとつでできる、ヘルシーなひと皿です。
気分を変えるなら、ズッキーニは輪切りのトマトにしても。
あれば、カチョカバロで作るとさらにコクが出ます。

材料(2人分)
<u>モッツァレラ</u>(フレッシュ)　1個(100g)
ズッキーニ　1本
レモン(くし形切り)　1個
塩、こしょう　各少々
オリーブオイル　大さじ1
バゲット　適量

作り方
1　ズッキーニは1cm厚さの輪切りにする。チーズは半分に切って、ザルに入れて水気をきる。
2　フライパンにオリーブオイルを中火で熱し、**1**のズッキーニを入れて塩、こしょうを振り、片面をこんがりと焼いて、ひっくり返す。空いたところにチーズを入れ、とろりと溶けるまで焼き、器に盛る。レモンとバゲットを添える。

コンテのスクランブルエッグとサルサ

コンテを入れたコクのあるスクランブルエッグを
ほんのり辛みをきかせたフレッシュトマトのソースで引き締めて。
チーズはコンテ以外に、お好みのハードチーズを使っても。
トルティーヤやバゲットにのせるのもおすすめです。

材料（2人分）

<u>コンテ</u>（すりおろす） 30g

A｜卵 3個
　｜牛乳 大さじ1½
　｜塩、こしょう 各少々

バター 小さじ1

[サルサソース]
トマト（5mm角に切る） 1個
紫玉ねぎ（みじん切り） 大さじ3
白ワインビネガー 小さじ1
香菜（みじん切り） 2〜3本
ライムの搾り汁 大さじ½
タバスコ、チリパウダー（あれば）、
　塩、こしょう 各少々
オリーブオイル 大さじ1

作り方

1 サルサソースの紫玉ねぎはワインビネガーで
もんでおく。残りの材料と混ぜ合わせる。

2 チーズとAを混ぜ合わせる。

3 フライパンにバターを中火で熱し、**2**を流し入
れる。へらなどで混ぜながらゆるめのスクラ
ンブルエッグを作り、器に盛る。まわりに**1**
を盛る。

Comté cheese

チーズトースト4種

塩気の強いフェタは、クリーミーなアボカドと合わせ、クミンで引き締めて。
ブリーとバナナは甘じょっぱさが、くせになる味。
ゆで小豆の甘みをマスカルポーネが包むトーストは、カフェオレと一緒に。
粉チーズたっぷりのマヨネーズに新玉ねぎと桜えびは、私の定番トーストです。

フレッシュ

A フェタとアボカド

材料（2個分）
フェタ　大さじ1
バゲット（18cm長さ）　1本
アボカド（1cm厚さに切る）　½個
クミンシード　少々
オリーブオイル　適量

作り方
1 バゲットは厚さを半分に切り、それぞれアボ
　カドを半量ずつのせる。チーズを半量ずつの
　せ、クミンシードを散らす。
2 1をオーブントースターでアボカドがほんの
　り色づくまで焼き、それぞれにオリーブオイ
　ルを回しかける。

白カビ

B ブリーとバナナ

材料（2個分）
ブリー　40g
クロワッサン　1個
バナナ（1cm厚さの輪切り）　1本
アーモンドスライス、はちみつ　各適量

作り方
1 クロワッサンは厚さを半分に切り、それぞれ
　バナナを半量ずつのせる。
2 1にそれぞれはちみつ小さじ1を回しかけ、
　チーズをちぎって半量ずつのせる。アーモン
　ドスライスも半量ずつのせる。
3 2をオーブントースターでこんがり色づくま
　で焼き、それぞれにはちみつ適量を回しかける。

フレッシュ

C マスカルポーネとゆで小豆

材料（1枚分）
マスカルポーネ　大さじ2〜3
食パン（8枚切り）　1枚
ゆで小豆（市販）　大さじ2
シナモンパウダー　少々

作り方
1 食パンをオーブントースターで色づくまで焼
　く。
2 チーズとゆで小豆をのせ、シナモンパウダー
　を振る。

プロセスチーズ

D 粉チーズと桜えび

材料（2個分）
粉チーズ　20g
新玉ねぎ（薄切り）　60g
マヨネーズ　60g
バゲット（18cm長さ）　1本
桜えび　小さじ2
黒こしょう　少々

作り方
1 バゲットは厚さを半分に切る。
2 粉チーズ、新玉ねぎ、マヨネーズを混ぜ合わ
　せて1に半量ずつ塗り、桜えびを半量ずつの
　せる。オーブントースターでほんのり色づく
　まで焼き、こしょうを振る。

A
Feta cheese

B
Brie cheese

C
Mascarpone cheese

D
Parmesan grated cheese

73

Mozzarella cheese

プルアパートブレッド

みんなが大好きなガーリック＆バター味。
そこにチーズをプラスしたら、まろやかになっておいしさも倍増。
切り目はぐっと深く、チーズはあふれんばかりに詰め込む。
チーズはたっぷり入れるほど、満足感がアップします。

材料（1個分）

モッツァレラ（シュレッド）　120g

パン（バタールなど。24×12cm 程度のもの）
　1個

A｜にんにく（みじん切り）　1片
　｜バター　30g
　｜イタリアンパセリ（みじん切り）　大さじ2

下準備

・ バターは室温にもどす
・ オーブンを使う場合は180℃に予熱する

作り方

1 **A** を混ぜ合わせる。

2 パンは底まで切らないように注意しながら、1.5cm 間隔の格子状に深い切り目を入れる。

3 **2** の切り目の内側に **1** を塗り、チーズを均等に詰める（**a**、**b**）。180℃に熱したオーブンで10分、またはオーブントースターで焼き目がつくまで焼く。

Mozzarella cheese

フレッシュ

ベイクドエッグボート

バゲットで、気軽に作れるキッシュ風。
具材は、マッシュルームや玉ねぎのソテーでもいいし、
ハーブをたっぷり使ったり、スパイスをきかせたり。
卵液がにじみ出ないよう、底にもチーズを詰めるのがコツ。

材料（2個分）

モッツァレラ（シュレッド）　40g

ミニバゲット（18cm 長さ）　2本

ほうれん草（下ゆでしたもの）　2茎

ベーコン　10g

A｜卵　2個
　｜生クリーム　¼ カップ
　｜ナツメグ　少々

下準備

・ オーブンを200℃に予熱する

作り方

1 バゲットは V 字に切り目を入れ（**a**）、上部を取り除く（**b**）。さらにバゲットのやわらかい部分をほじるようにして取り出す。

2 ほうれん草はざく切りにする。ベーコンは 7mm 幅程度に切る。

3 ボウルに **A** を入れて混ぜ、**2** を加えてひと混ぜする。

4 **1** のバゲットにチーズの ¼ 量を詰め（**c**）、**3** の半量を流し入れて（**d**）、チーズの ¼ 量をのせる。もうひとつも同様にして作る。200℃に熱したオーブンで15 〜 20分焼く。

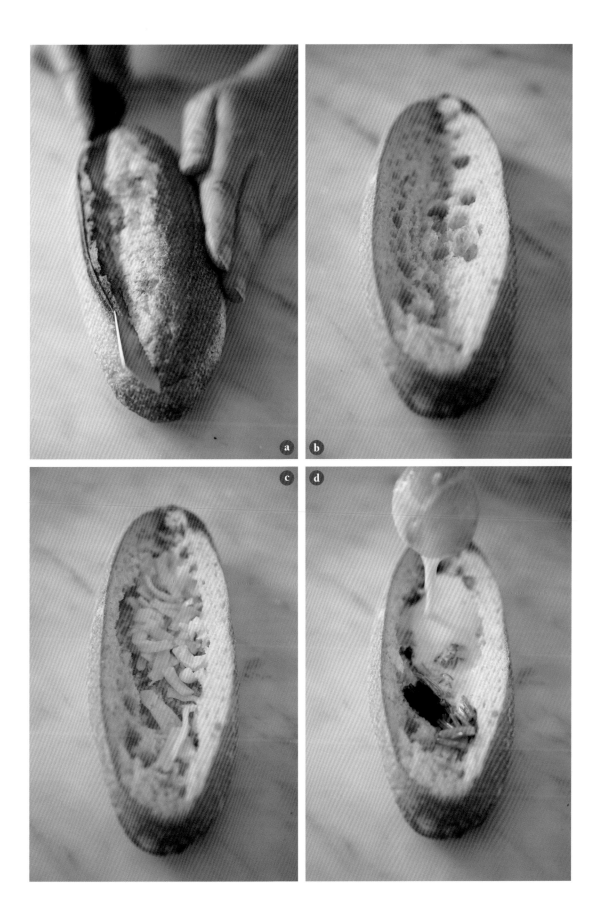

マルゲリータのパイ

トマトソースの代わりに、完熟トマトをたっぷりのせて焼き上げます。
合わせるのは、マルゲリータといえば…のまろやかなモッツァレラ。
さらにうまみの強いパルミジャーノを振りかけて焼けば、
2種のチーズのコンビネーションを味わえます。

材料（20×15cmのパイ1枚分）
パルミジャーノ・レッジャーノ（すりおろす）
　2〜4g
モッツァレラ（フレッシュ）　1個（100g）
トマト　小2個
冷凍パイシート（20×15cm）　1枚
オリーブオイル、バジル　各適量

下準備
・オーブンを200℃に予熱する

作り方

1 パイシートはフォークがようやく刺さる程度
に解凍し、オーブンシートを敷いた天板にの
せる。フォークで全体に穴を開け（**a**）、上にオー
ブンシートをかぶせてもう1枚天板をのせ（**b**）、
200℃に熱したオーブンで20分焼く。

2 焼き上がった**1**を裏返し、フォークで全体に
穴を開け、パルミジャーノ・レッジャーノを
全体に振って200℃に熱したオーブンで5分焼
く。

3 トマトは7mm厚さに切り、種を取り除く。モッ
ツァレラは5mm厚さに切る。

4 **2**に**3**のトマトとチーズを交互に並べて240℃
に熱したオーブンで10分焼く。オリーブオイ
ルを回しかけ、バジルをちぎって散らす。

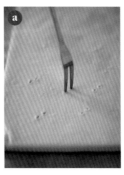 

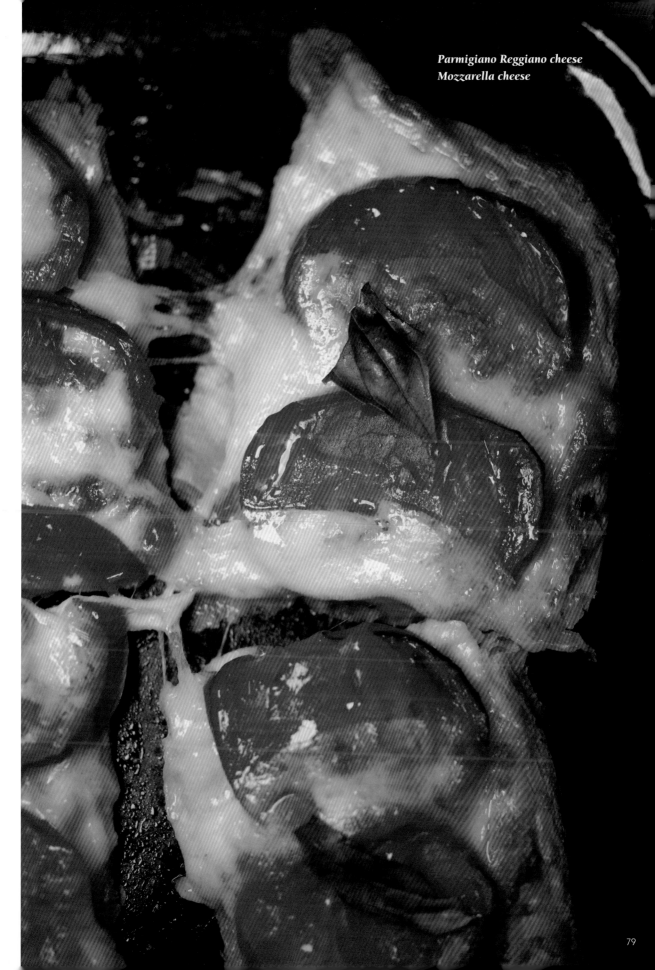

Parmigiano Reggiano cheese
Mozzarella cheese

Red Cheddar cheese

ホットチーズビスケット　作り方⇒p.82

Parmesan grated cheese
Gouda cheese

マフィン型のケークサレ　作り方 ⇒ p.83

ホットチーズビスケット

生地にチーズを練り込み、トッピングにもチーズを。
カリッと焼けたチーズの香ばしさで、つい手が伸びるビスケット。
チーズは、セミハードチーズならお好みのもので。

材料（6個分）
レッドチェダー（粗くすりおろす）　40g
A ┃ 薄力粉（または強力粉）　120g
　┃ ベーキングパウダー　小さじ2
　┃ 塩　小さじ⅓
バター（食塩不使用）　30g
B ┃ 卵　1個
　┃ 牛乳　大さじ2

［**トッピング用**］
レッドチェダー（粗くすりおろす）　20g
好みのスパイス（チリパウダー、黒こしょう、
　カレー粉など）　各少々

下準備
・ バターは1cm角に切って冷蔵庫で
　冷やしておく
・ オーブンを200℃に予熱する

作り方

1　**A**をボウルに入れ、泡立て器でざっと混ぜ
　る。バターを入れ、カードで刻んで米粒状にし、
　さらに両手ですり合わせるようにつぶしてそ
　ぼろ状にする（**a**）。

2　**1**にチーズを加えてざっと混ぜ、混ぜ合わせ
　た**B**を加える（ごく少量を残しておく）。練
　らないよう、カードを使って切るように混ぜ、
　ひとまとめにする。

3　**2**をオーブンシートにのせて軽く押し広げて
　半分に折り（**b**）、上に軽く打ち粉をしてオーブ
　ンシートで包み、2cm厚さにのばす（**c**）。6等
　分に切り分け（**d**）、残しておいた**B**を表面に
　塗る。トッピング用のチーズをのせ（**e**）、好み
　のスパイスを振って200℃に熱したオーブン
　で15分ほど焼く。

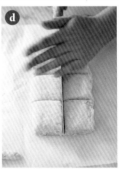

Memo
薄力粉で作ると軽めでしっとり、
強力粉で作るとかためでガシッとした食感になる。

マフィン型のケークサレ

チーズのコクで食べ応えのある、オイルベースの気軽なケークサレ。
生地には市販の粉チーズがおすすめ。
生地をきめ細かく、ふんわりと立ち上げてくれます。

材料（直径 7cm のマフィン型6個分）

粉チーズ　30g

ゴーダ（1.5cm 角に切る）　50g

ブロッコリー（小房に分け、下ゆでしたもの）
　　120g

A｜薄力粉　120g
　｜ベーキングパウダー　小さじ1
　｜塩　小さじ⅓

B｜卵　2個
　｜牛乳　¼カップ
　｜好みのオイル（太白ごま油、菜種油など
　｜　においのないもの）　大さじ3

ピンクペッパー（あれば）　少々

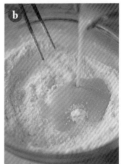

下準備

・ オーブンを190℃に予熱する
・ マフィン型の内側にパラフィン紙を敷く

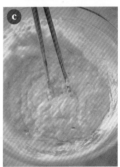

作り方

1 粉チーズと A をボウルに入れ、泡立て器でざっ
　と混ぜる（**a**）。

2 **1** の中央にくぼみを作り、混ぜ合わせた B を
　一気に加える（**b**）。練らないよう、菜箸を使っ
　て粉気が少々残る程度にさっと混ぜる（**c**）。

3 ブロッコリーとゴーダを加えてひと混ぜし
　（**d**）、等分に型に入れる（**e**）。190℃に熱した
　オーブンで15 〜 20分焼く。焼き上がったら
　ピンクペッパーをのせる。

Memo

18cm 長さのパウンド型で焼いてもよい
（焼き時間35 〜 40分）。ゴーダはチェダーやコンテなど、
お好みのチーズに替えても。

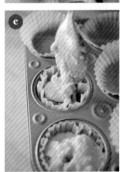

Part.4
デザートやおやつに
甘いひと皿

私にとってチーズはお菓子の大切な材料のひとつ。
ここで紹介する6品はこの本ならではの、
チーズ好きのための個性豊かなチーズが主役のスイーツ。
濃厚で奥深い味わいをたっぷり楽しんでください。

フレッシュ

マスカルポーネとチェリーの
冷たいデザート

ほんのりした甘みとコクを持つマスカルポーネは、
ヨーグルトと合わせると後味軽くさわやかなクリームに。
ダークチェリーにはオレンジの果汁を搾って
風味に華やかさをプラスしています。

材料（作りやすい分量）

A マスカルポーネ　200g
　　プレーンヨーグルト　60g
　　はちみつ　30g
ダークチェリー　400g
B　オレンジの搾り汁　大さじ2
　　砂糖　大さじ1½
　　キルシュ　小さじ2
オレンジの皮　少々

作り方

1 ザルにペーパータオルを敷いてAのヨーグル
　トを入れ、10分ほどおいて水気をきる。残り
　のAの材料と混ぜ合わせる。
2 ダークチェリーは半分に切って種を取り除き、
　Bで和える。
3 器に2を盛り、1をのせる。オレンジの皮をす
　りおろしてかける。

Memo
マスカルポーネに替えて、リコッタを使ってもおいしい。
その場合はプレーンヨーグルトの代わりに生クリームを
使い、油分を補う。果物は洋梨やベリー類でも。

Mascarpone cheese

Cream cheese
Blue cheese

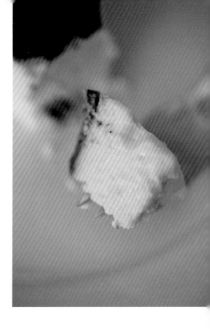

フレッシュ　青カビ

ブルーチーズのバスクケーキ

ブルーチーズのピリッとした刺激と強めの塩気で、
いつものチーズケーキとはひと味もふた味も違う印象に。
バスクチーズケーキらしい焦げた風味と
甘さ控えめの濃厚な味わいは、ワインにもぴったりです。

材料（直径15cmの底が取れる丸型1台分）
クリームチーズ　200g
好みのブルーチーズ（ここではゴルゴンゾーラを
　使用）　50～60g
砂糖　60g
生クリーム　1カップ
溶き卵　2個分
コーンスターチ　大さじ1

下準備
・オーブンシートをもんでしわをつけ、
　さっと水でぬらして型の内側に敷く（**a**）
・オーブンを230℃に予熱する

作り方
1 クリームチーズを耐熱容器に入れ、ラップを
　かけて電子レンジで40秒～1分加熱する。
2 1に砂糖を入れて泡立て器でよく混ぜる。ブ
　ルーチーズを加えて混ぜたら、生クリームを4
　～5回に分けて加え、そのつどよく混ぜる（**b**）。
3 2に卵を加え、なるべく空気を入れず、泡立
　てないようにぐるぐるとよく混ぜる（**c**）。
4 コーンスターチを加えて混ぜ、オーブンシー
　トを敷いた型に流し入れる（**d**）。230℃に熱し
　たオーブンで30分ほど焼く。

Memo
洋梨のシロップ煮（缶詰）やりんごのコンポートを入れて
甘さをプラスしてもおいしい。

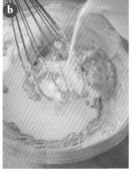
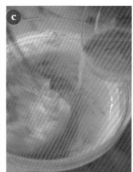

Memo
生地だけを好きな大きさにカットして焼けば、
クラッカーに。

セミハード

チェダーアップルパイ

アメリカではよく見かける、チェダーを練り込んだパイ。
チーズのほどよい塩気とコクが、
りんごの甘酸っぱさを引き立ててくれます。
型なしで焼ける、ザクザクした食感の素朴なお菓子です。

材料（1台分）
［パイ生地］
レッドチェダー（粗くすりおろす）　40g＋10g
A｜薄力粉　120g
　｜砂糖　大さじ½
　｜塩　小さじ⅓
バター（食塩不使用）　65g
水　大さじ2〜3

［フィリング］
りんご　2個
砂糖　大さじ3〜4
薄力粉　大さじ½
シナモン、カルダモン（ともにパウダー）
　各小さじ¼

強力粉（打ち粉）　適量
グラニュー糖　小さじ2
はちみつ（好みで）　適量

下準備
・バターを1cm角に切って冷蔵庫で冷やしておく
・オーブンを180℃に予熱する

作り方
1 Aをボウルに入れ、泡立て器でざっと混ぜる。
2 1にバターを加え、カードで刻んで米粒状にする（**a**）。さらに両手ですり合わせるようにつぶしてそぼろ状にする（**b**）。
3 2にチーズ40gを加えて混ぜる。水を加えて練り、ひとまとまりになるようにざっとまとめる（ここでは少し粉気が残っていてもよい）。ラップで包み、めん棒で直径12cm程度の円形にのばし（**c**）、冷蔵庫で1時間以上休ませる。
4 打ち粉をしたオーブンシートの上に3を出し、直径28cm程度の円形にのばす（**d**）（生地がベタついて扱いづらいようなら再度冷蔵庫で休ませる）。ふちを1.5cmほど内側に折り込んで（**e**）チーズ10gをまんべんなく散らし、フォークで全体に穴を開ける。ふちにグラニュー糖を振りかけ、180℃に熱したオーブンで15分焼く。
5 フィリングのりんごは皮をむいていちょう切りにし、残りの材料をまぶす。4にのせ（**f**）、180℃に熱したオーブンでさらに30分焼く。好みではちみつをかける。

Red Cheddar cheese

Cream cheese
Brie cheese

フレッシュ　　白カビ

ブリーのチーズケーキ

粉糖の甘さとザクッとした食感、
そして甘さ控えめのチーズ生地の塩気となめらかさのバランス。
ブリーらしい、クリーミーな味わいの大人のケーキです。
味、食感ともにアクセントになるいちじくの赤ワイン煮は、ぜひお手製で。

材料（17×9×高さ9cmのパウンド型1台分）

クリームチーズ　150g
ブリー　70g
グラハムビスケット　2〜3枚
カステラ（1cm厚さに切る）　2〜3切れ
いちじくの赤ワイン煮（下記参照）　全量
グラニュー糖　10g
塩　ひとつまみ
生クリーム　150ml
溶き卵　1個分
コーンスターチ　大さじ1
粉糖　20g

下準備
・型の内側にオーブンシートを敷く
・オーブンを160℃に予熱する

作り方

1 型にグラハムビスケットを大きめに砕いて敷く（**a**）。上にカステラを切って重ね（**b**）、いちじくの赤ワイン煮を汁ごとのせる（**c**）。

2 耐熱容器にクリームチーズを入れ、ラップをかけて電子レンジで40秒〜1分加熱する。ボウルに移し、グラニュー糖と塩を加え、泡立て器でなめらかになるまで混ぜる。

3 2に生クリームと溶き卵を加え、よく混ぜる。さらにコーンスターチを加えて混ぜる。ブリーを1.5cmくらいの大きさに手でちぎりながら加え、泡立て器でつぶすようにしてざっと混ぜる。

4 1に3を流し入れる。型の底面と側面をアルミホイルでおおう（**d**）。

5 大きめのバットにペーパータオルを敷き、4をのせる。湯を2cm高さまで注ぎ（**e**）、160℃に熱したオーブンに入れ、30分ほど湯煎焼きにする（20分たったところで一度取り出し、焼き色がついていたら上部にもアルミホイルをかぶせる）。

6 焼き上がったら熱いうちに粉糖をたっぷりと茶こしなどで振りかけ（**f**）、軽く指で押してなじませる。

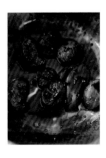

いちじくの赤ワイン煮

材料と作り方（作りやすい分量）

1 小鍋にいちじく（ドライ）60g（大きければ2〜3cm角程度に切る）、砂糖大さじ1、赤ワイン150mlを入れ、弱火にかける。

2 10分ほどしたら強めの中火にし、とろみがつくまで煮る。粗熱を取る。

Goat milk cheese

シェーブル

シェーブルとローズマリーのジェラート

独特の風味を持つシェーブルですが、味わいはさっぱり。
その軽さを生かしたいので、生クリームなしの
ジェラートに。シェーブルと相性のいい
ローズマリーの香りを移しました。

材料（作りやすい分量）

シェーブル　100g

牛乳　340㎖

ローズマリー　1枝

A｜プレーンヨーグルト　100g
　｜はちみつ　25g
　｜砂糖　15g

［飾り用］

ローズマリー　少々（あれば）

作り方

1 鍋に牛乳とローズマリーを入れて中火にかけ、沸騰する直前まで温めて火を止める。ローズマリーを取り出す。

2 1にチーズをちぎって加え、泡立て器でしっかり混ぜてチーズを溶かす。Aを加えて混ぜ、バットに移す。

3 粗熱が取れたら冷凍庫に3～4時間入れて凍らせる。フォークでざっと混ぜて器に盛り、あればローズマリーをのせる。

Memo
ブリーやカマンベールでも同様に作れる。

Cream cheese

フレッシュ

チーズプリン

卵と牛乳で作るプリンより、ねっとりと濃厚な仕上がりになる
大人のデザート。プリンとブリュレの間のようなイメージです。
レモンで酸味をつけましたが、少し砂糖を控えて
仕上げに好みのジャムを加えてもいいですね。

材料（口径8×高さ6cmの器4個分）

クリームチーズ　100g
溶き卵　2個分
レモンの皮　少々
牛乳　140mℓ
砂糖　40g

下準備

・ オーブンを160℃に予熱する

作り方

1 チーズは耐熱容器に入れ、ラップをかけて電子レンジで40秒〜1分加熱する。ボウルに移し、砂糖を加えてよく混ぜる。

2 牛乳を小鍋に入れ、沸騰する直前まで温める。

3 1に2を少しずつ加えて、なめらかになるまでよく混ぜる。混ざりにくければ、電子レンジで10秒ずつ加熱する。

4 3に溶き卵を加えてよく混ぜてザルでこす。レモンの皮をすりおろして加え、耐熱の器に¼量ずつ注ぐ。

5 大きめのバットにペーパータオルを敷き、4をのせる。湯を1〜2cm高さまで注ぎ、160℃に熱したオーブンに入れ、20分ほど湯煎焼きにする。

私の好きな、地元・岡山のチーズ屋さん／吉田牧場

牛飼いである吉田さん一家による、手作りのチーズ

　私の故郷、岡山県。そのほぼ中央、吉備高原に吉田牧場はあります。ご主人の吉田さんは、「僕は牛飼いであり、チーズ職人。どちらが欠けても成立しない」とおっしゃいます。日本でもチーズを作る人々は増えてきたけれど、〝牛を飼う〟ことからはじめるケースはまだ少ないそう。あえて牛を飼うのは、その世話、草刈り、放牧地の牧草の管理など、すべてがチーズの品質に反映すると考えているから。一般的なホルスタイン種ではなく、チーズ作りに適したブラウンスイス種を、大変な手間のかかる完全放牧で飼育しているのも、そんな理由からだそう。

「テレビなどでよく見る牛の出産シーンは、人間が子牛を引っ張り出すようにしていますよね。うちではほとんど、そういったシーンはありません。牛たちは自力で勝手に産むのです。いつも自由に、そして急勾配を毎日上り下りする牛は、とても健康なんですよ」と吉田さん。搾乳のとき以外は、牛舎に入ることもなく、草地を気ままに歩き、眠る。そんなふうに暮らす牛の乳は、青草由来の風味豊かなものとなり、チーズの香りもよくなるのだそうです。

吉田牧場のチーズは、日本ならではのチーズの先駆けに

　大学時代、母から「岡山でチーズを作っている人がいる」と聞き、「え、なぜ？」と思ったのを覚えています。そのころ、岡山のスーパーではフレッシュなチーズはほとんど見かけなかったから。それからしばらくたったある日、吉田牧場の「カチョカバロ」をいただきました。濃厚ですが、どこかやさしく、軽やか。そのままさいていただいても、ステーキのようにソテーしてもおいしく、また冷凍しても味が変わらないので、少しずつ楽しむこともできます。

　私は、吉田牧場のチーズの魅力は、この「やさしさ」「軽やかさ」ではないかと考えています。たとえばリコッタ。わさびじょうゆにも、はちみつにもとても合います。このリコッタをはじめとするフレッシュチーズで大切なのは鮮度ですが、海外からの輸入品は、鮮度がどうしても落ちるので、日本産のフレッシュチーズが増えるのはとてもうれしいこと。吉田牧場さんのほか、最近は国内でもさまざまなチーズが作られています。私たちの味覚と風土に合った、それでいて個性的なチーズがこれからもいろいろと生まれるのかなと思うと、とても楽しみです。

左上が、私も大好きなカチョカバロ。
リコッタやモッツァレラ、カマンベール、
ラクレット、マジヤクリなどの種類が。

岡山県加賀郡吉備中央町上田東 2390-3
チーズの購入を希望される方は
電話もしくは FAX で。
TEL 0867-34-1189　FAX 0867-34-1449

Index ＊は複数のチーズを使用

95

料理・菓子研究家。東京外国語大学フランス語学科卒業後、パリへ留学。ル・コルドン・ブルー、エコール・フェランディを経て、パティシエ、グラシエ、ショコラティエ、コンフィズールのフランス国家資格（C.A.P）を取得。パリのパティスリーなどで経験を積み、帰国後はカフェのメニュー監修、雑誌や書籍、テレビでのレシピ提案、料理・菓子教室の主宰などで活躍。SNSでの発信も注目されている。おいしくて、おしゃれ、そして作りやすいレシピが大人気。『30分で3品！毎日のふたりごはん』『少量でもおいしくできる はじめての梅しごと手帖』『ときめく10分スイーツ』（以上家の光協会）、『フライパン煮込み』（主婦と生活社）など、著書多数。

若山曜子 わかやま ようこ

至福のチーズレシピ

2021年9月20日　第1版発行
2021年10月27日　第3版発行

著　　　者	若山曜子	
発 行 者	河地尚之	
発 行 所	一般社団法人 家の光協会	
	〒162-8448　東京都新宿区市谷船河原町11	
	電話　03-3266-9029（販売）	
	03-3266-9028（編集）	
	振替　00150-1-4724	
印刷・製本	図書印刷株式会社	

撮影	日置武晴
デザイン	福間優子
スタイリング	岩﨑牧子
取材・文	福山雅美
編集	小島朋子
調理アシスタント	尾崎史江
	細井美波
	寺脇茉林
校正	安久都淳子
DTP制作	天龍社

◎撮影協力
世界チーズ商会株式会社
https://www.sekai-cheese.co.jp/